AF456841

Meshoud Bey Fils de S.E.
Pacha Beglierbey de
Extraord.re de sa Haut.se vers
à son Excellence par Son tres humble
Serviteur
Petit
Francois, qui l'avez vu ce Musulman aimable,
Nourissez dans ces traits une idée agréable
De sa douce raison, de sa noble Candeur :
Jusqu'à ce qu'effacant les noms les plus illustres,
On le revoye icy, dans trois ou quatre lustres,
Accoutumer son fils au rang d'Ambassadeur.
a Paris chez Petit rue St Jacques a la Couronne d'epines pres les Mathurins

ANECDOTES DE L'AMBASSADE TURQUE EN FRANCE.

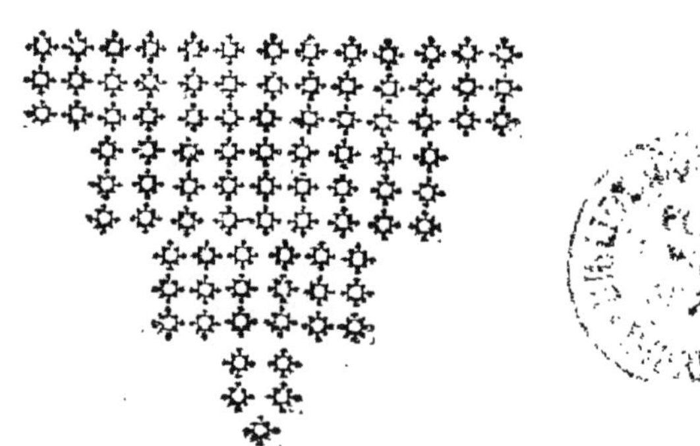

M. DCC. XLIII.

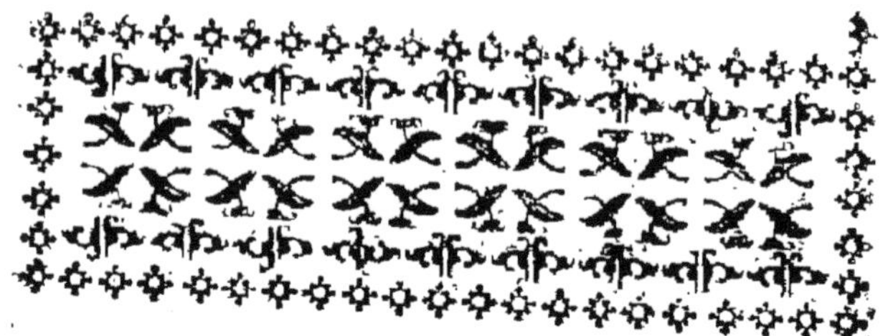

ANECDOTES DE L'AMBASSADE TURQUE EN FRANCE.

COMME j'ai toujours été l'Observateur des choses nouvelles & rares, j'ai donné toute mon attention à ce qui s'est passé dans le séjour que Zaïde, Ambassadeur de la Porte, a fait à Paris. Il y arriva dans le mois de Novembre le moins froidement qu'il put, & fut loger au Faubourg Saint-Antoine dans une fort jolie maison qui appartient à Monsieur Titon de Vilgenoux. Cette Excellence Turque y étant établie, la premiere chose qu'elle fit, fut d'être indiſpoſée. La fatigue d'un long chemin, l'affluence des Curieux & Curieuſes, les eaux de Paris; tout cela lui donna la fievre, le dévoyement & la migraine : ce qu'elle ſoutint avec une patience héroïque. Malgré toutes ces diſgraces, l'Ambaſſadeur n'eut pas lieu de regretter les Beautés de Conſtantinople, celles de Paris s'offrirent à ſes regards avec tant de profuſion que cette Excellence en fut quelque temps ébloüie. C'étoit des Cercles de tout ce qu'il y avoit de plus qualifié, qui ſe relevoient de quart-d'heure en quart-d'heure. On parloit peu, & l'on ſe bornoit à regarder de tous ſes yeux. On étoit étonné de voir un Turc avec un air vénérable, une phiſionomie douce, même béate, au point qu'il échappa à quelques femmes de l'appeller, *Mon Reverend Pere.* L'Ambaſſadeur faiſoit verſer le caffé avec une généroſité qui ne le cedoit qu'à celle de vouloir bien ſe montrer *gratis*; car enfin, s'il avoit voulu tirer partie de ſa préſence, quel argent n'auroit-il pas rembourſé? Il n'auroit été queſtion que de prendre ſix francs par tête pour donner entrée dans ſa chambre, avec la petite attention d'avoir une montre ſur la table, pour fixer le nombre des minutes qu'il voudroit bien se laisser voir : ce qui se seroit répeté plus de cinq cens fois par jour, & lui auroit produit des sommes considerables. On auroit encore pu donner un écu de trois livres pour voir le Grand Marêchal, dont je parlerai dans la suite ; mais on n'en a rien fait. Qu'on dise après cela que les Turcs ne sont point généreux. Cependant il y a eu des personnes judicieuses, lesquelles se sont renduës volontairement tributaires.

Un Gentilhomme a fait présent à son Excellence d'une tabâtiere d'or qu'elle a reçuë le plus gratieusement du monde.

Madame L*** en son nom, & en celui de tous les Auteurs, lui a présenté une fontange, couleur de pourpre, brodée en argent. L'Ambassadeur un peu étonné a demandé ce que signifioit ce don. Cette Dame lui a répondu que c'étoit le Bandeau Royal du Parnasse, dont on lui déferoit les honneurs pour tout le temps qu'il resteroit à Paris. Je ne parlerai point de toutes les Epîtres, de tous les Vers, que l'Ambassadeur a reçus de ses Portraits multipliés, tant en gravure, qu'en mignature, que l'on portoit sur soi dans la forme de marons d'Indes & de coquilles de noix, qu'il a recompensés par le sourire le plus doux, & le plus affable.

Je ne dirai rien encore de l'émulation qu'il a fait naître, ni de tous les travaux de Monsieur de ** Introducteur, pour repousser le superflu du zéle que l'on avoit pour cette sublime Excellence : embarras, dont il auroit pu se dispenser, n'ayant rien moins que l'air rébarbaratif ; étant au contraire de la plus jolie figure du monde. Sans orgueil, & sans fatuité, il paroissoit au milieu de la fourure des Turcs, comme une escarboucle enchassée dans de l'or.

J'en suis encore à l'habitation de l'Ambassadeur au Faubourg Saint-Antoine, où le temps lui parut long. Il s'occupa à faire élever la tente qu'il devoit présenter au Roy de la part de son Maître.

Quelle étoit belle ! j'en puis parler sçavamment, car je l'ai vuë & touchée : l'écaille & la nacre de perle offroient aux yeux les richesses de la mer.

Des matelas de satin couleur de rose rebondis faisoient honneur au goût & à la mollesse.

Nombre d'oreillers travaillés en argent donnoient appétit de dormir.

Des tapis d'étoffe rayée & nuancée faisoient voir comme on travaille bien en Turquie. A l'aspect de tant de magnificence, les Parisiens manquerent de se prosterner. Son Excellence pleuroit presque de joie de voir l'effet que sa tente produisoit. Pour moi, j'en étois enchanté : je ne disois rien, parceque je sçais que le silence exprime mieux l'admiration que les discours les plus pompeux. J'avois cependant quelquefois l'honneur d'entretenir Monsieur l'Ambassadeur dans l'interieur de sa maison : c'est là que j'étois édifié de lui voir de temps en temps baiser neuf fois la terre : j'étois attendri de la souplesse de ses génuflexions. Epouvanté de la science éminente qui lui faisoit lire ses prieres dans ses mains, vrais abregés de l'Alcoran, je disois en moi-même : Certainement Mahomet étoit quelqu'autre chose qu'un Prophete. Je ne finirois pas, si je voulois parler de toutes les vertus, tant morales que particulieres, de cet illustre Ambassadeur ; de sa sobrieté dans les repas ; de sa propreté dans ses libations ; de son économie exacte qui le portoit à relever ses tisons pour ménager le bois, lorsqu'il étoit seul ; de son étude, qui lui faisoit répeter deux fois par jour le compliment qu'il devoit faire au Roy.

Comme je l'ai déja dit, j'avois l'honneur de faire la conversation avec l'Ambassadeur: nous disputions quelquefois sur la difference des Religions. Il relevoit celle de Mahomet; & moi, je disois que cette Religion n'étoit fondée que sur les sens: toujours des femmes pour ce monde. Et pour l'autre, m'écriois-je? Helas! elles sont déja de trop dans celui-ci. Qu'on le demande à bien des François, ils diront comme moi, s'ils veulent répondre sincerement. Nous parlions encore sur les Céremonies du culte qu'on rend à l'Etre Suprême: quelle difference du Christianisme au Mahometisme! que veulent dire les culbutes que les Mahometans font sur leur mouchoir, leur cimétrie à se hausser, & à se baisser? On voit bien qu'ils sont fort attachés à la terre; car ils la baisent continuellement. Que l'on compare, si on l'ose, leurs oüins, oüins, aux chants mélodieux des Chrétiens: tout est majestueux dans nos Eglises. Qu'on se rappelle la dignité du Sacerdoce, la magnificence des Autels, la sublimité & l'onction des Hymnes que l'on chante.

Mais venons aux maximes de l'Evangile & à celles de l'Alcoran.

Si votre ennemi a faim, dit l'Evangile, *donnez-lui à manger. Benissez ceux qui vous maudissent. Faites du bien à ceux qui vous font du mal. Priez pour ceux qui vous persécutent. Faites-vous un trésor dans le Ciel, en donnant l'aumône aux pauvres, &c.*

Voici les préceptes de l'Alcoran.

Si votre ennemi tombe entre vos mains, & qu'il soit riche, maltraitez-le, afin que pour sa délivrance il vous donne une forte rançon ; s'il n'a rien, coupez-lui la tête. Ayez autant de femmes que vous en pourrez nourrir. Cultivez votre champ, c'est-à-dire, *fréquentez beaucoup vos femmes.*

Voila ce que l'Alcoran a le plus en recommandation.

Selon ce que vous me dites, repartoit son Excellence, tous les Chrétiens sont des hommes parfaits. Il s'en faut de beaucoup, repliquai-je : il en est cependant, mais ils sont en petit nombre, & sont même cachés. On en trouve plusieurs qui font profession d'être devots, qui sont chastes & pénitens : ils seroient estimables en tout point, s'ils n'étoient pas avares. Il n'y a rien de moins compatiſſant que les devots de ce ſiécle-ci. L'un des plus élevés d'entre eux reçut ces jours paſſés l'inſtruction que je vais vous dire, & qu'on lui envoya ſous la forme de cette petite Hiſtoire.

Un jeune Comte qui avoit eu le malheur de ſe laiſſer entraîner au torrent des plaiſirs du monde, fit il y a quelques années des réfléxions ſalutaires, & ſe livra à la plus ſolide piété. Comme il étoit auſſi généreux que riche, il penſa qu'il devoit répandre ſes bienfaits ſur tous les infortunés. Pour ne point faire d'injuſtice, il partagea ſes dons, les proportionna à l'état des perſonnes qui venoient l'implorer: il choiſit d'abord celles qui avoient de la naiſſance, & leur donna des ſecours ſuffiſans pour les empêcher de tomber dans l'opprobre : enſuite il eut égard aux gens de merite, dont les talens n'étoient pas recompenſés, & fit renaître en eux une émulation abſorbée par la miſere. Il fit part encore de ſes largeſſes au bas peuple. Enfin, ſoit qu'il donna ou qu'il refuſa, perſonne ne ſortoit de chez lui mécontent. Il ſçavoit que la Religion n'exclut ni la douceur, ni la politeſſe. Il parloit donc d'une maniere obligeante, sans faire aucune information. Il ne demandoit point : *Quel est votre Curé* ou *votre Confeßeur*? Il ne disoit point non plus : *Il faut que je sçache le train de vie que vous menez*. Bien loin de se servir d'expressions aussi basses, il ne proferoit que des paroles consolantes. Il pensoit que si ceux qu'il secouroit, étoient d'honnêtes gens, cela les affermiroit dans le bien ; que si, au contraire, c'étoient des méchans, ses bienfaits pourroient occasionner leur conversion, ou du moins leur donner matiere de loüer la Providence.

Ce jeune Comte, il est vrai, ne couchoit pas sur la dure, mais aussi en revanche il ne disoit des duretés à qui que ce soit.

Comme les rangs sont marqués, & qu'il en avoit un des plus illustres, il ne faisoit point consister sa dévotion à s'habiller malproprement, n'y ayant rien de plus ridicule que de voir un Seigneur vêtu comme un simple Artisan. Il étoit toujours bien mis, la superiorité de son esprit l'empêchoit de se singulariser en s'habillant d'une maniere ignoble, qui est plûtôt l'effet d'une lézinerie que d'une vertu. Enfin, ce jeune homme, par son bon cœur, & son ame magnanime, devint un veritable modéle pour ceux qui voudroient marcher dans le chemin de la perfection.

Ah! la jolie Histoire, s'écria son Excellence : que l'on auroit d'obligation aux Auteurs, s'ils racontoient de cette maniere! que de migraines ils épargneroient! Je vous prie que toutes les Histoires que vous me reciterez, ne soient pas plus longues que celle-là. Je suivis l'Ambassadeur à Versailles, où je fus témoin de sa prodigieuse mémoire; il ne manqua pas un mot du discours qu'il devoit prononcer. Il est vrai que Louis XV. ménagea beaucoup sa timidité par la reception obligeante qu'il lui fit.

La réponse de Sa Majesté fut noble, précise, & point du tout étudiée.

L'Ambassadeur fut aussi saluer Son Eminence qu'il assura des respects du Grand Visir. Il ajouta que lui Ambassadeur n'étoit point venu à la Cour pour se rendre admirable, mais pour y admirer: qu'il étoit cependant confus de tous les honneurs qu'on lui faisoit, mais qu'il les reporteroit au Grand Seigneur son Maître. Monseigneur le Cardinal le loüa beaucoup de sa modestie, & le congedia.

Son Excellence de retour à l'Hôtel de Tournon pensa à se dédommager de la contrainte où elle avoit été au faubourg Saint-Antoine : elle accepta volontiers les propositions des Gens de qualité qui voulurent la régaler : elle se défit de l'austerité de sa Loi qui lui défendoit le vin : elle en but par politesse autant de razades qu'on lui en versa : elle mangea aussi de la viande piquée de lard, en se rappellant ce Proverbe : *Chaque païs, chaque guise.* Le Prince de ** se distingua entre tous ceux qui lui donnerent des repas : il lui en fit servir un des plus exquis. Après dîner l'Ambassadeur eut le plaisir de voir dans le jardin du Prince un petit Bal où dansoient les enfans les plus jolis du Marais. Quand la nuit fut venuë, on surprit agréablement son Excellence, en faisant tirer en l'air neuf fusées volantes, pour honorer triplement ses trois Queües. Mais, à propos de Queuës, plusieurs personnes m'ont demandé si ces Queües n'étoient pas celles des Habits de Cérémonies, comme qui diroit celles des Robbes Rouges du Palais : on n'est pas obligé de tout sçavoir. Je les ai tirées d'erreur, en leur apprenant que ces trois Queües n'étoient que des Queües de cheval, lesquelles étoient une grande Dignité qui subsistoit depuis une bataille où les Turcs perdirent leurs étendarts. Un Grand Visir imagina de faire couper les Queües des chevaux blancs, avec quoi il en fit de nouveaux.

Tandis que sans orgueil l'Ambassadeur se prêtoit aux personnes qui lui faisoient bonne chere, le Grand Marêchal son Associé, tenoit ses assises sur une estrade, où il admettoit toutes les femmes vêtues de soye; pendant que celles qui étoient habillées de laine étoient sur des tabourets vis à-vis de lui; & là, elles se tenoient à couvert sous l'ombre de sa barbe. Le Marêchal tout-à-la fois lorgnoit, cajoloit, serroit les mains, marchoit sur les pieds, tiroit la langue, se lavoit, & faisoit ses Prieres. Cette Demi-Excellence, extrêmement utile au fauxbourg Saint-Germain, en faisoit un quartier de franchise. Toutes les vertus soupçonnées venoient s'y refugier. Les Marchands de straze & de similor s'applaudissoient d'avoir sa pratique. Les Officiers de sa suite, presque aussi profitables que leur Maître avoient fait briller l'habileté de plusieurs Chirurgiens; ce qui avoit par réfléxion relevé la fortune d'un Apoticaire du voisinage. Un jour le Marêchal me fit dire par son Interprête, qu'il avoit reçu une lettre sans-signature, dont on lui demandoit une prompte réponse, quoiqu'on n'eût point mandé où on pouvoit l'adresser. Il ajouta que cela prouvoit que la plûpart des François étoient des étourdis & des foux. Je repris la parole & je convins qu'il pouvoit y avoir quelques François étourdis & quelques autres de distraits; que la distraction étoit une preuve certaine des occupations d'un esprit superieur; que je connoissois un Auteur célebre, lequel, après avoir passé une journée entiere chez un de ses amis, en demandoit des nouvelles le soir en le quittant à ceux qu'il rencontroit, comme s'il avoit été six semaines sans le voir. Une Dame qui étoit présente dit au Marêchal, à propos de distraction, que les Habitans d'un Bourg voulant demander une grace à un Intendant de Province, & n'entendant pas trop à faire l'enveloppe d'une lettre, prirent un peigne, & le mirent dedans, afin de donner à la lettre une tournure plus quarrée, en quoi ils réussirent si bien, qu'ils oublierent d'ôter le peigne que l'Intendant reçut par la poste; ce qui l'outragea si fort, qu'il leur envoya une étrille pour réponse.

Mais revenons à notre principal Héros. Le sage Ambassadeur, plus délicat sur les visites qu'il recevoit que le Grand Marêchal, s'en tenoit toujours aux femmes de condition: il fréquentoit les spectacles, & pouvoit croire qu'il en faisoit la plus belle décoration. Son nom étant sur les affiches, y attiroit tout Paris. Lorsqu'il fut à l'Opera, il parut extasié de la belle voix de Mademoiselle Le Maure: il ne pût s'empêcher de lui dire qu'elle le ravissoit, & qu'il pourroit bien faire le tour de la terre, sans en trouver une pareille. A quoi Mademoiselle Le Maure répondit très spirituellement: *J'en suis bien persuadée.*

Je fus présent à une reconnoissance fort touchante qui se fit, lorsque Madame de *** fut voir l'Ambassadeur. Elle recula de surprise, en le regardant: Ah, mon Dieu! s'écria-t'elle, Monsieur: depuis vingt ans, comme vous êtes changé. Hélas! repartit son Excellence, voilà le déclin ordinaire de toutes choses: je vous trouve aussi,

Madame, si differente de ce que vous êtiez, que si l'on ne m'avoit pas dit votre nom, je ne vous aurois jamais reconnuë.

Quelque temps après l'Ambassadeur reçut la visite de Madame de F** à laquelle il prodigua beaucoup de douceurs. Pourquoi, lui dit cette Dame, les Turcs ont-ils plusieurs femmes? C'est, reprit l'Ambassadeur, qu'elles ne sont pas aussi aimables que vous: il faut par conséquent que la quantité en répare la qualité. Madame de F** lui demanda, s'il étoit vrai qu'en Turquie on ne croyoit point que les femmes eussent une ame. C'est tout le contraire, répondit l'Ambassadeur, nous leur en croyons plûtôt deux qu'une. C'étoit aussi mon sentiment; car j'ai toujours pensé que les femmes avoient l'ame double.

On parla de celles qui s'étoient distinguées dans la Litterature & la Poësie: Madame Deshoulieres fut citée pour avoir été une personne unique. Etoit-elle riche? dit son Excellence. Non, reprit Madame de F**. Il lui arriva de faire une Epître admirable sur la convalescence du Duc de Bourgogne: tout le monde en fut charmé: on décidoit de lui faire une pension qu'elle auroit euë, sans un ami de Cour qui se trouva présent, lequel dit au Duc de Bourgogne : Bon, Monseigneur, vous n'y pensez pas de vouloir payer de semblables vers : elle en a bien fait d'autres pour son chat. Ce fut ainsi que Madame Deshoulieres fut servie.

Après cette conversation parut une petite Brune que l'on nommoit Madame D**. Elle s'annonça pour une fameuse Joüeuse de clavecin, & en donna des preuves après que Madame F** fut partie. L'Ambassadeur enchanté de la délicatesse de son jeu, mit trois fois la main dans sa poche, comme pour lui faire un présent, & trois fois il l'a retira vuide : ce qui fit rougir Madame D** jusqu'au blanc des yeux, & lui fit passer l'envie d'exercer ses talens devant son Excellence.

Cependant quelques femmes ont eu plus de succès à l'Hôtel des Ambassadeurs. Une fort jolie personne, dont je ne sçais pas le nom, a reçu du Grand Maréchal un cure-oreille de buis. Une autre Dame & sa fille ont obtenu de l'Ambassadeur un mouchoir travaillé en or. Ce magnifique présent leur a attiré mille envieuses. Ce fameux mouchoir a été en quelque façon gagné par le joli gosier de la fille de cette Dame qui chanta à la loüange de son Excellence plusieurs Chansons, dont voici les paroles.

Du Turc l'Ambassadeur
Pour Paris s'achemine :
Chacun avec ardeur
Va contempler sa mine :
La plûpart de nos filles
Comptent les Queuës qu'il a
Pour autant de béquilles
Du Pere Barnaba.

Autre. *Sur la Marche des Janissaires.*

Bacha tant attendu,
Soyez le bien venu :
Ramenez dans Paris
Les Ris :
Qu'à votre heureux retour,
Votre brillant séjour,
L'Amour
Y rassemble sa cour :
Goûtez, brave Ottoman,
Un Paradis présent ;

Décorez du Croissant
Tout Epoux qui près de sa Belle
Est languissant :
Qu'au bruit de vos hauts faits,
Tremblent tous nos Plumets,
Bannissez de toutes les ruelles
Les Petits-Colets.

AUTRE. Sur l'Air : *Que j'estime, mon cher voisin, &c.*

Le Héros le plus glorieux
N'est qu'un homme ordinaire ;
Mais une Excellence à trois Queuës
Est un Dieu sur la terre.

AUTRE. Sur l'Air : *Eveillez-vous, belle endormie, &c.*

A mon Mari je suis fidèlle,
Mais je tremble pour mon honneur :
J'ai nuit & jour dans la cervelle
Les trois Queuës de l'Ambassadeur.

Autre. *Sur l'Air des Billets.* Ou, *Amour, ne me trompes-tu pas ?*

L'Ambassadeur est dangereux :
J'aurai soin de baisser les yeux.

Devant Son Excellence.

Si par un Destin malheureux
Du Levant je sentois les feux,
Je quitterois la France.

Mademoiselle N** en auroit chanté encore une douzaine, sans les battemens de mains de l'Assemblée. Le jeune Bacha, fils de l'Ambassadeur, frappoit des pieds, & sautoit de joie. Enfin ces aimables personnes furent conviées de revenir souvent donner le même plaisir : ce qu'elles accepterent en femmes qui n'ont rien de l'air farouche des Provinciales. Elles firent quelque temps les délices des Mahométans, & eurent l'avantage de recevoir chez elles le Grand Maréchal, après quoi elles retournerent dans leur Province. Mais voyez comme la gloire se change en abaissement ! Pour avoir trop montré le mouchoir qu'elles avoient reçu de son Excellence, les Gens de sa Province qui ne sçavent que faire, les sifflerent, chansonnerent, huerent, & penserent les lapider; comme si l'honneur d'une femme dépendoit d'un mouchoir de plus ou de moins.

C'est assez parler de bagatelles. Je

viens aux ſciences que Zaïde a acquiſes à Paris. Les femmes ne ſont bonnes que pour amuſer, & non pour appliquer: quatre Peruches dans une voliere, en feroient bien autant. L'Ambaſſadeur leur fit refuſer ſa porte. Il falloit quelque choſe de ſurnaturel pour mériter ſon attention: auſſi la donna-t'il toute entiere aux connoiſſances occultes des Freymaçons. Le voila initié dans leurs Myſteres: il travaillera déſormais au grand œuvre, poſſedera la Clavicule de Salomon, ſçaura par les regles de la Cabale ce qui ſe paſſe à cent lieuës de lui. Il va laiſſer ſes femmes en friche: l'art d'un veritable Freymaçon, c'eſt de ne point faire d'enfans: il faut laiſſer cela au vulgaire. Les Génies adeptes ont bien de plus nobles occupations: ce ſont des hommes eneſprités *qui parlent ſans voix*, qui découvrent ce qu'il y a de plus caché dans le cœur: ils préſident ſur l'imagination des autres, & ſont en partie les Diſtributeurs des ſonges de la nuit. Je me rappelle ces Vers que l'on a faits à leur ſujet.

Voici, dans le ſiécle où nous ſommes,

De quoi terminer les ſoupçons

Que font naître les Freymaçons.

Ce sont de redoutables hommes.

Femmes, dont les désirs sont toujours curieux,

Si vous me demandez ce qu'ils font dans leur loge,

Sçachez qu'en s'estimant des Dieux,

De toutes les façons ils vous coupent la gorge.

L'Ambassadeur enchanté de toutes les merveilles qu'il venoit d'apprendre, renvoya poliment une petite Maîtresse qu'il avoit. Le Grand Marêchal suivit son exemple, mais par un autre motif qui lui fit changer l'usage du sorbec en celui de la ptisanne. Enfin, les femmes perdirent dans tous les chefs leur procès à l'Hôtel des Ambassadeurs. Paul, l'un des Interprêtes de son Excellence, lui apporta un jour un Livre qu'il disoit être nouveau : il avoit pour titre : *Le Sopha*. L'Ambassadeur le lut tout de suite : Par Mahomet! dit-il, il faut que ce Livre là soit tombé des nuës; car on ne sçait d'où il vient : il n'a point de commencement : il y a un vieux fou de Sultan qui radote & un Conteur impitoyable qui fait de belles réfléxions sur de fort vilains sujets. N'y auroit-il point une clef à ce Livre? Oüi, Monseigneur, repartit Paul, il y en a une qui est celle de tous les mauvais lieux de Paris. Reprend ton *Sopha*, dit l'Ambaſſadeur. Autrefois j'aimois aſſez les ſotiſes, mais à préſent j'ai autre choſe dans la tête. En effet l'Ambaſſadeur avoit trois cens coups de bâton à faire donner à un Sous-Sécrétaire qui avoit manqué en quelque choſe. La baſtonnade fut éxécutée ſur le champ par deux Muets qui frappoient comme des ſourds. Son Excellence examinoit ſi tous leurs coups étoient valables, & s'ils ne portoient point à faux. Le pauvre petit Sécrétaire tout rompu, ſe retira après l'éxécution, & je crois qu'il s'en fut tout doucement mourir dans ſon lit. Pour moi, indigné d'une pareille cruauté, le cœur gonflé, les yeux gros de larmes, je ſortis de l'Hôtel, & fus me coucher ſans ſouper. Je reſtai plus de huit jours ſans retourner chez l'Ambaſſadeur. Il s'apperçut de mon abſence. Deux de ſes gens ſçavoient ma demeure ; ce dont il étoit informé. Il m'envoya chercher. J'avouë que j'eus envie de faire le petit cruel; mais comme j'étois fort mal en eſpéces, & que j'eſperois que ſon Excellence me feroit quelque gratification, je ne me fis point tirer l'oreille pour me rendre auprès d'elle. Je trouvai Zaïde un peu changée :

ſon

ſon air étoit extrêmement mélancolique : j'oſai lui en demander la cauſe. Il me dit qu'il avoit des chagrins domeſtiques ; que le Grand Marêchal, & les principaux de ſa Maiſon lui avoient preſque mis le poignard ſur la gorge, pour lui tirer la ſomme de mille piſtoles qu'il avoit été contraint de leur donner ; de plus, qu'il n'enviſageoit qu'avec douleur le jour de ſon départ de Paris. Je lui répondis que les Habitans de cette Ville en ſeroient encore plus fâchés que lui. L'Ambaſſadeur me ſerra la main en marque de reconnoiſſance. Depuis que vous venez ici, me dit-il, j'ai eu la curioſité pluſieurs fois de vous demander, quelle étoit votre origine, & vos occupations; mais les miennes m'en ont détourné. Je vous ai toujours vu avec un habit noir, apparemment que vous êtes en deüil de toute votre famille. Hélas ! lui repartis-je, Monſeigneur, tous mes parens ſont encore vivans : j'ai pere, mere, deux oncles, trois tantes, quatre ſœurs, un frere, ſept couſins, neuf niéces, & cinq neveux. Je ne ſuis en deüil que d'une ſouſtraction de finances. L'on m'appelle d'Argentville : malheureuſement, toute ma richeſſe eſt dans mon nom. A l'égard de mes occupations, je fais des Livres, des Comédies, des Sonnets, des Epigrammes. Je travaille indifferemment en Vers comme en Prose. Je suis à la fois Epistolaire, Historien, Epique, Dramatique, Comique, Lyrique, Periodique, Critique; & tout cela, à votre service. Je vous suis vraiment obligé, repartit l'Ambassadeur. Je vais, ajoutai-je, donner au public un recüeil de Lettres que je compose en réponse de celles d'une Fille sçavante, dont j'ai reçu aujourd'hui ce Billet. Je vous en ferai la lecture, si cela peut vous amuser. L'Ambassadeur me fit signe qu'il y consentoit. Je m'en acquitai ainsi.

MONSIEUR,

Je suis votre très-humble & très-obéïssante servante: je commence, comme vous le voyez, ma Lettre par où les autres la finissent: j'espere que cela sera de votre goût. Vous avez fort bien dit qu'il falloit d'abord sçavoir à quoi s'en tenir. D'ailleurs la singularité, quoique médiocre, doit être comptée pour quelque chose. Mais, à propos de singularité, voudrez-vous bien me répeter l'Histoire des Vestales dont vous me parlâtes l'autre jour. J'ai la tête si dure que j'ai oublié à quel âge elles pouvoient être admises à entretenir le feu sacré. J'ai voulu aussi me souvenir en quelle année Metulus fut reçu Consul, & je n'ai pû en venir à bout. Ce que j'entens, & ce que je lis des Anciens, je le mets tout en un tas dans ma mémoire; & lorsque je veux les en tirer, ils n'en sortent que par morceaux, ou tout au moins bien chifonnés. Que j'envie, Monsieur, le bon ordre que vous avez dans vos récits: la facilité que vous avez à retenir les noms, les païs, & les années. Pour moi, qui ne me souviens que des faits, je me trouverai obligée de ne plus réçiter que sous le nom de trois ou quatre étoiles. Je dirai, par exemple, C**** étoit d'une belle figure, M*** n'étoit rien moins que chaste, C** disoit que sa femme ne devoit pas même être soupçonnée, B*** Général des Armées de l'Empire fut réduit à demander l'aumône, ainsi du reste. Ceux qui seront curieux de sçavoir les noms, n'auront qu'à lire l'Histoire. Je trouverois le monde plaisant de venir m'interroger comme une époque, ou une étiquette. Je ne veux point me gêner pour qui que ce soit.

Je me flatte, Monsieur, que vous ne desaprouverez pas ma façon de penser. Si j'ai votre approbation, elle me suffira pour m'en attirer d'autres. De plus mon temps m'est cher : de vingt quatre heures, j'en donne douze à mon repos : il m'en faut deux pour ma toilette, deux pour mes repas, autant pour mes affaires domestiques, deux pour réfléchir, deux pour écrire, & le reste pour faire la conversation. Voilà au juste la distribution de mon temps.

J'ai l'honneur de vous assurer que je suis très-particulierement, comme ci-dessus.

Fort bien, dit l'Ambassadeur. Si cela se soutient, ces Lettres seront fort amusantes. Mais récitez-moi quelques-uns de vos Vers. Volontiers, repliquai-je. Je commençai par une de mes Epigrammes sur un soufflet donné à un Cavalier par une femme.

> Madame Artus, femme très-sage,
> Sçut souffleter un sot visage :
> Comme chacun a son district,
> Moi je soufflette un sot esprit.

Voici, continuai-je, une petite Scéne de ma Poësie comique : elle est d'une Piéce intitulée : *La Femme Auteur.*

Madame MONDOR *à la Femme Auteur.*

En verité le trait est fort particulier,
On entend votre voix du bas de l'escalier,
Et l'on m'ose assurer que vous êtes sortie.
Pour une femme Auteur, c'est n'être pas polie.
A voir votre embarras, je suis de trop ici.

LA FEMME AUTEUR.

Il faut rester chez soi, quand on le croit ainsi.

MONDOR.

Et moi je veux sortir, vous observer, vous suivre,
Je ne fais point de vers, mais du moins je sçais vivre.
Votre ingrat procedé fait naître mon courroux:
Moi qui vous avertis du mal qu'on dit de vous.

LA FEMME AUTEUR.

Epargnez-vous ce soin, il n'est pas nécessaire.
Aux Entretiens fâcheux je prétends me soustraire:
Vos rapports éternels me donnent de l'ennui.

MONDOR.

J'ai soutenu pour vous une attaque aujourd'hui:

On disoit....

LA FEMME AUTEUR.

Doucement, je ne veux rien entendre.

MONDOR.

En vain de m'écouter vous croyez vous défendre :

Il faut que vous sçachiez....

LA FEMME AUTEUR.

Je ne veux rien sçavoir.

MONDOR.

Je vous dois cet avis, & je fais mon devoir.

LA FEMME AUTEUR.

Je vais, si vous voulez, vous en donner quittance :

Ne venez point troubler une grave séance :

Ces Messieurs m'apportoient des Ouvrages nouveaux.

MONDOR.

Etre seule le soir avec quatre chapeaux !

Quand on a des attraits, on est rarement sage.

Que je plains le malheur qui suit un beau visage.

UN SCAVANT *à Mondor.*

Ce désastre pour vous n'est pas à redouter.

LA FEMME AUTEUR *à Mondor.*

Vous venez donc me voir afin de m'insulter?

UN SÇAVANT *à la Femme Auteur.*

D'un esprit si borné méprisez l'ignorance.

A Mondor.

Entre Madame & vous il est quelque distance:
Votre Etat est commun, le sien est éminent:
Ce seroit s'abbaisser.

MONDOR *au Sçavant.*

Taisez-vous, insolent,
Je ne suis point ici pour lui servir de lustre,
Je suis femme d'Auteur & d'un Auteur illustre:
Sçachez que mon Epoux s'appelle De Mondor,
Que ses Ecrits un jour seront au poids de l'or.
Il est vrai qu'à présent on ne veut point les lire:
J'en sçais bien la raison, & ne veux pas la dire.

LE SÇAVANT.

Si je la devinois.

MONDOR.

On la sçaura dans peu.

A la Femme Auteur.

Votre mauvais accueil m'a mis la tête en feu.
Malgré vos complaisans, tâchez d'être moins fiere :
Si l'on médit de vous, j'en tirai la premiere,
Je ne reviendrai plus.

LA FEMME AUTEUR.

Vous comblez mes souhaits :
Souvenez-vous en bien, ne revenez jamais.

Voilà, poursuivois-je, Monseigneur, des Vers d'un autre genre, que j'ai faits pour répondre à l'Epître à Urasiie, imprimée sous le nom de Monneur de Voltaire.

Réponse d'Uranie à Voltaire.

GRand Docteur, qui prétends m'instruire
A vivre sans Religion,
Et qui crois que je vais souscrire
Ta folle imagination.

Esperes-tu, Rimeur éthique,
Qu'après que j'aurai lû tes Vers,
Je donnerai dans le travers

Et les transports d'un Frénétique ?

Qui t'a renversé le cerveau ?
Est-ce l'etude, est-ce la Rime ?
Car ton Epître qu'on imprime,
Te marque au coin du tombereau.

Soutiens le systême du vuide,
Tu le prouves par ton état :
Dans ton Temple du Goût décide ;
Mais ne sois point un Apostat.

Si l'abbaissement sçut te plaire,
Christ, descends du haut des Cieux :
Viens répondre à ce Plagiaire,
Tu ne pourras t'abbaisser mieux.

Tes Loix ont irrité Voltaire,
Viens subir un second trépas :
S'il te faut un nouveau Judas,
Cet Auteur fera ton affaire.

Il ne veut point être Chrétien,

Quoique l'on prêche, & que l'on dise:
Allons, vîte qu'on débaptise
Ce digne Emule de Julien.

Rempli de colere & de flamme,
Lorsque le Déluge arriva,
Si Voltaire avoit été là,
Il auroit fait une Epigramme.

O le rare Examinateur!
Pour se rendre recommandable,
Il va sonder la profondeur
D'un Jugement impénétrable.

Persiste-t'il dans ses desseins
Après l'Epître d'Uranie?
Qu'on le demande aux Capucins,
Ils l'ont vu dans sa maladie.

Le diable me tient au gosier,
Leur dit l'intrépide Voltaire:
Peres, cherchez un Benitier,
Ou me prêtez un Reliquaire.

Je suis rongé par mes remords :
Ah ! que mon ame est inquiette :
Hélas ! je ne suis qu'un squelette,
Et je ne puis quitter mon corps.

Seigneur, si contre ta puissance,
J'ai fait un détestable Ecrit :
C'est par orgueil & suffisance,
Et par un air de Bel-Esprit.

Si tu guéris ma maladie,
Je te promets & fais des vœux,
De changer aussi-tôt de vie,
Et de m'enfermer aux Chartreux.

Hors de danger, le Philosophe
Blâme lui-même ses terreurs :
Il rit du Ciel, & l'apostrophe ;
Mais s'il n'abjure tant d'horreurs,
Nous en verrons la catastrophe.

Vous êtes un homme inimitable, s'écria l'Ambassadeur : le torrent de votre éloquence ne peut tomber que dans un océan d'honneurs. Allez, je vous promets que je parlerai de vous à Sa Hautesse, & que l'on sçaura à la Porte, que Monsieur d'Argentville est aussi rempli de talens, qu'une grénade l'est de pépins. Mais il faut que, pour me dissiper, vous veniez la semaine prochaine joüer une de vos Comédies devant moi. Pourvoyez-vous d'autant d'Acteurs & d'Actrices qu'il vous sera nécessaire : & après que vous m'aurez donné ce divertissement, je vous ferai un plaisir qui ne vous sera pas inutile. Ce discours fini, je pris congé de son Excellence, & fus travailler à distribuer les rôles d'un Opera Comique de ma composition, lequel fut éxécuté huit jours après avec un applaudissement général. Cette piéce avoit pour titre *le Bonheur inattendu*. Je me flatte qu'on ne sera pas fâché de la trouver à la fin de ces Anecdotes. Son Excellence extrêmement satisfaite & de l'Auteur & des Acteurs, me tira dans une croisée, & me dit : „ Voici le plaisir „ que je veux vous faire : c'est qu'il ne „ tiendra qu'à vous de venir avec moi „ en Turquie où vous ne manquerez de „ rien. J'achetterai à Paris une Bibliotéque dont je vous donnerai la Sur- „ intendance: j'y joindrai le titre d'Ex-

„ minateur de tous les Ecrits des Au-
„ teurs de Conſtantinople. Cette occu-
„ pation ne vous ſera nullement pénible,
„ parce qu'il n'y paroît pas vingt ouvra-
„ ges par an. Ainſi vous pourrez vous di-
„ vertir, & faire bonne chere avec les
„ Officiers de ma Maiſon." Je répondis à l'Ambaſſadeur que je ne pouvois pas profiter d'un ſi grand avantage, étant marié, & ayant deux enfans, leſquels étoient au berceau. J'en ſuis fâché, reprit ſon Excellence, nous attendrons qu'ils deviennent grands. Adieu, car il faut que je faſſe ma priere.

Je me ſéparai de l'Ambaſſadeur en faiſant une révérence ſi baſſe, qu'elle m'aida à cacher mon dépit. Ma petite troupe ſortit avec moi. Nous fumes nous promener au Luxembourg, où nous dîmes unanimement que la loüange ſans profit étoit un encens qui faiſoit mal à la tête.

On chercha cependant à s'éguaïer par une converſation où la critique & l'yronie ne furent point oubliées. On tira un peu ſur la barbe de ſon Excellence : ce qui donna occaſion au récit des deux petites Hiſtoriettes qui ſuivent.

Dans le temps du regne de Louis XIII. la République de Vénise envoya un Ambassadeur à la Porte, lequel étoit rempli de merite; mais si jeune, qu'il n'avoit pas besoin de Barbier pour le raser. Cet Ambassadeur étoit devant le Grand Seigneur, que Sa Hautesse le demandoit encore. Son Interprête le lui montra. A cet aspect, le Sultan fronça les sourcils, & dit que c'étoit une impertinence que de lui envoyer un Ambassadeur sans Barbe. L'Excellence Vénitienne informée de ce discours, répondit sans se déconcerter que si la République avoit sçu que Sa Hautesse ne dût faire un bon accueïl qu'à une longue Barbe, elle n'auroit pas manqué de lui envoyer une chevre.

A peu près dans le même temps, un Grec qui avoit un très beau cheval, ayant été insulté par un Turc à quelques pas de* Constantinople, il mit pied à terre pour en demander raison. Le Turc avec une agilité extrême s'empara du cheval du Grec, monta dessus, & fut caracoler dans une plaine. Le Grec se rendit aux portes de Constantinople,

* A une lieuë de Constantinople, est un endroit nommé *Galata*, qui appartient aux Grecs, où les Turcs vont faire des Parties de plaisir & boire du vin: ce qui peut être étoit arrivé au Turc dont on fait mention.

& fit sa plainte à des Gardes Janissaires qu'il trouva, qui lui promirent de lui faire rendre justice. Un instant après on vit paroître le Turc monté sur le cheval qu'il avoit volé : on l'arrêta, en lui ordonnant d'en faire la restitution. Mais le Turc, avec une hardiesse inconcevable, jura que le cheval lui appartenoit. Entre autres sermens qu'il profera, il jura par sa Barbe. A ce mot, les Janissaires se prirent d'indignation contre le Grec, & résolurent de lui donner la bastonnade pour le châtier de sa calomnie. Le pauvre Grec désespéré usa de présence d'esprit : il tire un grand mouchoir, le jette sur la tête de son cheval, en disant au Turc : Puisqu'il est à toi, dis-nous de quel œil il est borgne. Le Turc rêva un instant, & continuant de payer d'effronterie, il dit qu'il étoit borgne de l'œil droit. Tu en as menti, répliqua le Grec, en découvrant son cheval, il n'est borgne ni d'un côté ni de l'autre. Par là il fit connoître la verité, & se fit rendre son cheval. Chacun avoit ri de ces petites avantures, à mon exception; car je ne conçois pas, quelque chose qu'on dise, comment l'on peut rire dans un siécle aussi malheureux & aussi détestable que celui dans lequel nous vivons; où la misere est sans ressource; où les riches sont impitoyables, les talens foulés aux pieds, les gens d'esprit anéantis, la vertu écrasée, le vice triomphant. Sans vouloir trancher de l'Heraclite, je ne vois que des sujets de désolation, & je conclus qu'il faut être fou pour rire. Ah! vous êtes de mauvaise humeur, me dit une de nos Actrices: pour moi, je rirois continuellement, si je ne craignois pas qu'il ne me vînt des rides près des yeux & de la bouche: ce qui me feroit paroître vieille de bonne heure. Par une raison à peu près semblable, lui repartis-je, vous ne devriez jamais manger, parce que cela use les dents; ni parler, parce que cela grandit la bouche. O! dit-elle, il faut remplir les fonctions qui sont nécessaires; mais pour ce qui est de rire, c'est une inutilité. Pour moi, ajouta l'Actrice qui avoit fait le principal rôle de ma piéce, je ne rirai de six semaines: je suis outrée d'avoir mis mon argent à acheter des blondes & des rubans pour joüer devant ce marabou d'Ambassadeur qui ne nous a payées qu'avec une tasse d'eau chaude. Lorsqu'il sera à Constantinople, il n'aura pas peur qu'on lui envoye le cordon: les présens qu'il porte à son maître valent mille fois plus que ceux qu'il a apportés ici. Il est vrai, reprit quelqu'un de la compagnie : cependant il y auroit eu un peu plus de proportion, si le principal présent du Grand Seigneur n'avoit pas peri de froid dans le chemin. C'étoit un cheval moucheté sans poil, qui étoit le plus rare animal qui eût paru sur la terre ; mais malheureusement il est mort d'une colique dans le voyage. Vous ne dites pas tout, ajoutai-je : Est-ce que vous ignorez la perte de six pintes d'une composition du Baume de la Mecque dont les flacons ont été cassés: Cela est bien triste, reprit-on, car ce Baume est bon pour ôter le hâle & les taches de rousseur. Cela est incontestable, continuai-je, & voilà pourquoi les Turcs ont un aussi beau teint, puisqu'ils sont à portée de s'en servir.

Quelques jours après cette conversation, nous fûmes sur le bord de la riviere voir embarquer la suite de son Excellence qui prenoit les devans pour se rendre à Lyon. C'étoit un plaisir que de voir ces Turcs couchés sur des matelas dans leurs bateaux : ils n'avoient rien moins que l'air sémillant : vous les auriez pris pour autant de Galeriens.

Monsieur l'Ambassadeur avoit differé son départ d'une quinzaine de jours pour avoir le plaisir de voir tirer l'artifice du feu de la Saint-Jean, qu'il admira d'une fenêtre de l'Hôtel-de-Ville, & dont il fut si satisfait qu'il auroit volontiers resté à Paris encore un an pour avoir la répétition du même spectacle. Mais enfin il fallut se résoudre à partir. Voici le compliment qu'un fameux Mathématicien lui fit la veille de son départ.

„ Grand Ambassadeur, dont les desseins sont aussi profonds que vastes, & „ dont la largeur égale la longueur, je „ souhaite un heureux voyage à votre „ Excellence : puissent les quatre éle„ mens concourir ensemble & separé„ ment à ses plaisirs & à sa conservation. „ Que l'enfer lui serve comme de baze, „ que la terre soit son théâtre, la mer „ son miroir, & que le firmament soit „ continuellement son toit. Voila les „ vœux que forme pour elle le plus „ humble, & le plus zelé de ses ser„ viteurs.

Après ce discours, il sortit comme un éclair. L'Ambassadeur en haussant les épaules dit qu'il avoit entendu bien des complimens, mais que pas un ne lui avoit semblé si sot : l'enfer pour baze, ajoutoit-il, ne diroit-on pas à l'entendre que j'ai déja les pieds dans l'enfer : la terre pour théâtre, on croiroit que j'aurois differens rôles à y joüer, & je ne veux point d'autre personnage que celui d'Ambassadeur : la mer pour miroir, voilà une toilette assez incommode : le firmament pour toit, c'est comme s'il disoit que je serai exposé à coucher à la belle étoile. Ce maître fou a bien fait de s'en aller, car il auroit pû ressentir les effets de ma colere.

Voilà les dernieres paroles que j'ai entenduës de Zaïde : il les profera en me présentant du tabac qui me fit éternuer pendant un quart-d'heure.

FIN

www.ingramcontent.com/pod-product-compliance
Ingram Content Group UK Ltd.
Pitfield, Milton Keynes, MK11 3LW, UK
UKHW022147190726
13855UKWH00004B/1371

9 782013 070898